JN410463

오래된 맑음

서이령 시집

문학의전당 시인선
0293

오래된 맑음

서이령 시집

문학의전당

시인의 말

흥망성쇠의 날들이 빠르게 지나갔다.

詩를 돌아볼 겨를도 없이
애만 태우던 시집을 이제야 묶는다.

치악산 자락에 터를 잡고
안개 속을 헤매던 날들의 기록이다.

미력하나마
이로써 나의 고통은 승화되었다.

나의 詩에게
미안하고 고맙다.

2018년 9월
서이령

차례

시인의 말

제1부

가시 없는 장미가 있다고요? 13
곁의 노래 14
안개 속 맑음 16
벌레의 힘 17
그래도 맑음 18
유리창의 습작 20
나의 의림지 21
설원 위의 사막 22
사슴의 꿈 24
오래된 맑음 26
유리창 27
세 마리 강아지와 女子 28
증기기관차가 있는 시 창작 수업 30
팔자를 바꿔보려고 32
풍선 33
힘든 애인 34
종이컵 36

제2부

주름의 강 39
그림 읽어주는 화가 40
그림자 41
귓속의 경전 42
남한강 흰 물결 43
누구세요? 44
두려운 오후 46
도둑고양이 47
냉이꽃 48
딸기 49
이상한 문병 50
별 51
굴뚝 52
마른 강 53
물소리에 취하다 54
섬 55
측은한 바닥 56

제3부

별꽃 59

시 60

부러진 날개 61

경주상회 62

이사 64

이슬 신발 65

장마 66

적들과의 동거 67

창 68

초록은 동색 69

투명한 손가락 70

북어 72

사이드미러 73

산문에 든 자전거 74

칡꽃 75

콘서트 76

입속에 장미가 피었다 78

제4부

해바라기 오는 계절 81

개망초 82

개미 83

나목 84

고층 아파트 85

그날 86

눈 깜빡하고 나니 벌써 겨울이다 88

단체 카톡방 89

담쟁이 90

마당도 의심스럽다 91

무명 가수 92

배우(俳優) 그리기 94

숟가락 95

아카시아 꽃 편지 96

종이 인형 98

소나무의 배려 99

훔친 향기의 맛 100

해설 | '투명'과 '불투명'의 은밀한 관계 101
고영(시인)

제1부

가시 없는 장미가 있다고요?

꽃꽂이를 하면서 손을 찌르는 가시가 불편하여
장미의 가시를 제거한 적이 있습니다

순간, 꽃의 아름다움이 사라지는 것을 보았습니다

누군가를 만지면서 조심을 앞세우는 일도
사랑의 한 방편입니다

가시 없는 장미를 만들었다고요?

긴장을 떼어내고 편히만 살아간다면
차라리 죽는 것만도 못할 겁니다

곁의 노래

비올라를 닦으며 생각한다
한 몸이지만
안쪽과 바깥쪽으로 나뉜
한 세계에 대하여

아무도 들이지 않겠다는 결심은
그래서 외롭다

마음이 투명해지면 노래를 만들 수 있을까
비올라를 닦으며 다시 생각한다
곁이 꽃이 될 수 있을까
가깝고도 머언 관계
사랑하지 않는 구조의 틀은 완고하다

음악의 경외(敬畏)를 알아버린 새들의 비행은
그래서 외롭다

활을 기다리는

현처럼

세상 모든 경계가 사라진 뒤에야
꽃은 피고
나는 비로소 곁의 노래를 들을 수 있으리라

안개 속 맑음

잠에서 깨자마자 누에처럼 나는 꿈틀거린다. 날이 밝아오며 안개가 치악산을 뒤덮고 있음을 본다. 잠시 창가로 가 투명한 누에처럼 잠옷을 벗는다. 저 건넛집 남자가 날이 샌 것도 모르는지 팬티 바람으로 담배를 피워대고 있다. 안개와 담배연기는 한통속이다. 거대한 것에 사소한 것이 끼어드는 것이 우습다. 집과 집 사이의 골목길엔 사람이 없다. 자동차 몇 대가 아직 잠이 덜 깬 듯 지나간다. 거대한 것들 속에서 나는 얼마나 사소하게 살아가고 있는 것일까. 걷혔던 안개가 다시 돌아온다. 잠시 더 창밖을 보고 있다. 검은 새 한 마리 멀리 안개 속으로 사라진다. 이제 밥을 안칠 시간이다.

벌레의 힘

싱크대 배수구에서 기어 나온 벌레 1호를
배수구 속으로 고이 돌려보냈다

벌레가 싫은 것이 아니라
벌레가 가진 너무 많은 발이 징그러운 것

잠시 뒤
또 기어 나오는 벌레 1, 2호

발이 두 배가 되었다
공포가 두 배로 늘었다

물살에 쓸려가게
배수구 가득 물을 쏟아부었다

하루 종일
머릿속에서 벌레 1, 2, 3, 4호가 기어 다녔다

그래도 맑음

여자들 웃음소리에 창밖을 내다본다. 몇몇의 여자들이 줄을 맞춰 골목길을 다 점령하고 걸어온다. 수다를 떨며 자지러지게 웃는다. 멋쟁이 여자들이다.

방구석에 처박혀 책장마다 침을 처바르던 손끝이 진저리를 친다. 서로의 어깨를 툭툭 치며 웃는 얼굴들이 가까이 다가온다. 저토록 붉게 웃어본 적이 언제였더라. 나도 그녀들에게 섞이고 싶다는 충동을 애써 참는다.

머리에 달팽이 핀을 꽂고 가는 여자들, 찢어진 청바지 속으로 알전구 같은 햇살이 꽂힌다. 그녀들이 시끄럽게 지나간 골목길에는 뒤틀린 정적만이 고여 있다. 책상 위에는 여전히 9월 달력, 연필꽂이, 포스트잇, 그리고 시집 표지들이 널브러져 있다.

엉덩이가 붙어버린 의자에 처박힌다. 나는 몰입을 꿈꾼다. 내부에서 커지는 잡념들이 머리통을 쥐어박는다. 쇳소리를 내며 대문이 열린다. 앞집 개가 컹컹 짖는다. 전화가 올 것이다. 나는 끝내 받지 못할 것이다. 아으!

나의 몰입은 잡념을 먹고 산다.

유리창의 습작

김 서린 유리창에
손가락으로 사랑이라고 썼다가 뭉개버린다
뭉개진 투명에서 너는 운다
흐린 불빛 아래서 파닥거리던 나방 한 마리가
끝내 불을 찾지 못한 채, 죽어간다
저 나방을 어떻게 시로 옮길 수 있을까
소멸의 고통을 담아내는 떨림을 본다
한 주검이 풍경을 파고드는 동안
유리창은 얼마나 처절하게 견뎌냈을까
겸허한 마음을 읽는다

눈 내리는 겨울밤
별만큼 촘촘한 투명 하나를 찾기 위해
눈물을 지우는 손끝이 따뜻하다
다시 사랑이라고 썼다가 뭉갠다
잎 다 떨군 은사시나무는
저 풍경을 결코 다 건너지 못할 것이다

나의 의림지

물이 없다
마음에도 없고
몸에도 물이 없다*

공어(空魚)**의 드러난 내장이 손에 잡힐 때
당신을 놓쳤다

수양버들 잔영들이 빗금으로
얼굴을 지우고 돌아선다

다 젖은 당신을
다시 놓친다

---

* 이상국 시인의 「비를 기다리며」에서 인용.
** 학꽁칫과에 속한 바닷물고기로 의림지에 서식하는 특산물. 빙어라고도 함.

설원 위의 사막

지난가을
푸른 잎들이 가득했던 배추밭이
눈 덮인 사막이 되었다
차가운 열기가 훑고 지나간 자리마다
폐허만 남았다

차갑다

눈송이는 무게를 견디지 못하고
모래알로 누워버렸다
하얀 눈밭을 빙빙 겉도는 나의 눈빛은
푸르게 얼어가고 있다

뜨겁다

너무도 먼 당신을 꿈꾸며
나의 푸르름을 꺾는다
너무 하얘서 오히려 슬픈

설원 위의 사막

당신은 나의 폐허다

사슴의 꿈

어느 졸부의 외진 별장에는
박제된 사슴의 얼굴이 벽에 걸려 있다
머릿속을 덤불로 채우고
모가지를 잃어버린 채 눈빛만 형형한
자본에 썩은 졸부의 머리통을 물어뜯을 기세로
치솟은 뿔은 천장을 뚫을 것 같다

시베리아 원시림에서
온갖 포식자들에게 쫓기며
은둔자(隱遁者)로 평생을 살아왔을 뿔은
넘실대는 초원의 물결을 누비며
평화로운 꿈을 발아래 둔 적이 있었을 것이다
아무르 강물에 목을 축이며
잠시 긴장을 놓쳤을까

바로 그때였을 것이다
뜨거운 통증이 심장을 관통하는 순간
꿈이 얼마나 위험한 짐승이며

뿔이 얼마나 거추장스러운 장식인 걸
사슴은 깨닫게 되었을 것이다

이상(理想)은 없고
흉상(胸像)만 남은

죽어서도 영원히 잠들지 못할
사슴의 결기가, 서늘하게
벽을 도배하고 있다

오래된 맑음

반곡역 플랫폼으로 내려서는 엄마의 두 다리가 침목처럼 빳빳하다. 나날이 낡으려고만 했던 역사(驛舍)처럼 구부정하다. 언뜻 보아도 성해 보이는 뼈가 없다. 광대뼈가 드러난 얼굴로 옅은 미소를 보낸다. 손가락 마디마디 툭툭 튀어나온 갈퀴를 흔든다. 겨우 몸을 지탱하는 무릎이 미세하게 떨리고 있다. 허리춤을 감싸는데 푸석한 뼈들이 나에게 몸을 기댄다. 아침 안개가 치악산으로 몰려가는 것을 본다. 엄마도 산을 한참 보고 서 있다. 달리아 꽃들 앞에서 사진을 찍어달라고 자세를 잡는다. 하나, 둘, 셋, 수줍은 소녀가 웃고 있다.

유리창

"유리 주의"라는 글자를 읽은 새가
"사람 주의"라고 고쳐 읽고는 꽁지깃을 털며 날아간다

세 마리 강아지와 女子

복슬복슬 강아지 세 마리를 안고
복슬복슬 걷는 女子

우아한 표정으로
참 우아하지 않게, 복슬복슬하게
쇼윈도 앞을 기웃거린다

복슬복슬 女子가
복슬복슬 강아지들과 함께
흔치 않은 풍경이 된다

오후의 아울렛을 지나
참 재밌는 네 마리 강아지의 뒤를 따른다
복슬복슬하게,

따라가며 강아지들의 이름을 지어본다
단절이, 불통이, 침묵이
그리고 모더니스트

저들의 동선을 따라가면
나도 모더니스트가 될 수 있을까

자꾸만 생각이 모던해지는
복슬복슬한
봄날

증기기관차가 있는 시 창작 수업

1

“밥통 속에는 증기기관차가 살고 있다”라는
시적 모티브를 받았다

2

나는 밥통 속에서 증기기관차를 달리게 할 재주가 없다
기차를 밥통 속에 잡아넣고 펄펄 끓여 먹어볼 궁리를 하기도 하고 기차를 씹어 먹을 작정도 해본다

3

새벽 반곡역에 나가 플랫폼으로 기어드는 기차를 보다가 갈 곳도 정하지 않고 기차를 탔다
슬리퍼를 신고
가장 슬픈 사람처럼 굴며
나는 어디론가
떠밀려갔다

4

아무것도 아닌 증기기관차는 없고

옛 애인이 가끔 생각나는 것처럼 살릴 수도 죽일 수도 없는
증기기관차가 머리통 속에서 들끓고 있다

팔자를 바꿔보려고

생년월일이 언젠가요?
사주팔자와 전혀 맞지 않는 이름이군요
하기야 집안 돌림으로 마구 이름을 지었을 테니까

개량 한복을 입고 꽁지머리를 늘어뜨린 작명가
휘갈겨 쓰는 한자들을 원형으로 그려놓고는
내 사주에 맞는 이름을 주워 담는다

세 개를 건져줄 테니
맘에 드는 것으로 고르시오

제시되는 세 개의 팔자 중에 한 개를 고르는 일
헛웃음처럼 팔자를 선택하다니

사월 새벽 핏덩이가 다시 웁니다

풍선

훨훨 날아오르던
탱탱했던 시절은 잊어요

작게 작게
나지막 나지막하게

묶어놓고
부풀어 올라 터지는 사랑 말고

달아나려는 바람 놓아주고
고운 주름 새기며
바닥으로 바닥으로
내려앉기로 해요

힘든 애인

문학과지성 시인선 241 『아픈 곳에 자꾸 손이 간다』를
노려보고 있다

책상 위에는
소주병과 치즈 한 조각이 있다
늘, 경건하게 마주하던 책상 앞에서
불한당 같은 자세로
시인의 캐리커처를 째려본다

나는 이제 당신이 싫어요
헤어집시다
이유가 뭡니까
당신은 나를 한 번도 사랑한 적 없잖아요
그런 오해가 있었군요

난 당신 때문에 자존심이 너무 상해요

간단명료한 표정을 짓고 앉아

술잔을 건넨다
차라리 나쁘게 말하면 끝장낼 수도 있겠다
사실 그가 지겹다

창밖은 어둡다
검은 바람이 수군덕거리며 지나간다
그를 보내고 나면
허전한 책상엔 먼지만 쌓일 것이다

종이컵

물이 담기기 전까지
나는 쭉정이 정물에 불과했다
입을 쩌—억 벌리고
떨어지는 물을 기다리며
말라터질 것 같은
가벼운 여자에 불과했다

떨어져야 할 것은 언제고 떨어진다
그걸 알기에
입을 다물 수 없는 형태로
나는 물을 기다린다
그때까진 텅 빈
이 지옥을 견뎌야 한다

제2부

주름의 강

엄마 얼굴에 잔물결 일렁이더니
어느새 시름들이 모여 큰 물결 이루었네

나는 영원히
저 강을 다 건너지 못할 것이네

그림 읽어주는 화가

사십여 년을
담쟁이넝쿨 속에서 사는 화가가 있다
그녀에게 그림을 배우겠다고 오는 사람들은
먼저, 고독을 배워야 한다
도베르만*도 들고양이도 산비둘기도
화실 마당에 들어설 땐
적막한 기다림에 적응해야 한다
그녀의 손끝에서 고흐의 잘린 귀가 보인다
켄트지에 흘러내리는 핏방울이
담쟁이로 피워 올리는
풍경 속으로 빠져든다

---

*도베르만: 애완견의 종류.

그림자

오직 나만 보고 따라 왔을 것이다
해는 빨갛게 떨어지고
담벼락조차 희미해지는 골목에서
피할 곳은 없었다
나는 빼앗길 것을 너무 많이 가지고 있었다
사랑과 이별하고 돌아오던 길목
빛바랜 전율과 마른 속삭임
그러나 충동은 언제나 있다
분명 내 것이었으나 내 것이 아니었던*
그 모든 환희들
뒤를 돌아보기엔 집이 너무 가깝고
내 그림자는 너무 길다

---

*고영 시인의 「원고지의 힘」에서 인용.

귓속의 경전

매미의 울음이 그쳤다

때가 되면 떠나야 하는 명확한 길을 두고
거룩하게 울어야 했던 날들이
땅바닥에 내팽개쳐 있다

공명실(共鳴室)을 열면
와르르 쏟아져 내릴 것 같은 눈물

매미의 유서는
내 귓속의 경전이 되었다

남한강 흰 물결

아스라한 저 물결 속에서
나는 잠시
소복 입은 여인의 살풀이장단을 보았던가

살(煞) 풀어내듯
흰나비처럼 느리게 혹은 거칠게
여울지는
한 서린 춤사위

목덜미를 타고 주르르 흘러내린다

누구세요?

두 귀만 쫑긋 세우고 나타나
누구인지 몰랐어
점점 커지는 잎사귀를 보면서도
정말 누구인지 몰랐어
실체도 없이 내미는 넝쿨손

점점 커지는 너를 위하여
좀 더 큰 집을 찾아 헤맸지
잎사귀 개수를 늘리며
줄기를 뻗어나갈 때도
난 너를 알아차리지 못했어

네가 꽃을 피우고서야
내 몸속에 가시 돋는 넝쿨이 뻗는 것을 알았어

걷잡을 수 없는 통증
독성이 번지는 것을 알면서도
너를 제어하지 못했어

평생 소진하지 못하는 몸

돌아볼 줄 모르는 눈을 가진 너
누구세요?

두려운 오후

참새 떼 한 무리 내려앉았다
능소화 잎사귀와 칸나꽃 사이로
심장 소리들이 콕콕 박힌다
손님을 들인 집처럼 시끄럽다

진돗개가 슬금슬금 자리를 내어주며 웃는다
시끄럽도록 웃는다

저 참새 떠나고 나면
당신도 떠날까

그게 두려웠다

도둑고양이

날카로운 눈빛이 한곳에 꽂혔다

목표물을 확인하자
담장 위를 유연하게 걸어간다
깃털처럼 가볍게
휙, 내려앉는다
의연한 자태

잠시도 경계를 늦추지 않고
조바심을 내보이지 않는다
그것이 고수만의 비법

행동은 민첩하게
고깃덩어리를 씹어 삼킨다

냉이꽃

개울 건너
들깨 밭에 가봐야지 하면서
삼월이 다 갔다

오랜만에 친구에게 전화가 왔다
냉이 캐러 오겠다는 친구를 기다렸다

온다는 사람 오지 않고
참새들만 떼로 몰려와 떠들썩했다

가보지 못한 깨밭에선
하얀 냉이꽃이 연정인 양 출렁이고 있다

시름시름 앓으면서
봄날이 다 갔다

딸기

새빨갛게 부푼 딸기
속살이 붉다

눈알이 뚝뚝 떨어져 나가는 줄도 모르고
관념이 뚝뚝 뽑히는 줄도 모르고
접시에 담겨
호접몽에 빠져 있다

지극히 유희적인 겨울밤이다

이상한 문병

병실 창가에서 자작나무 하얀 그림자와 마주친다면
링거를 꽂고 누운 채 천장에 어른거리는 그림자와 마주친다면
사람 같지 않겠습니까

망각 못하는 낯선 짐승을 복도에서 마주친다면
놀라지 않겠습니까

돈 봉투를 내밀까요
꽃다발을 준비할까요
쾌유를 비는 마음만 다녀올까요

겁먹은 심장을
두고 와도 될까요

별

한 번도 사랑이라고 말하지 않았다
그저 촉촉이 바라만 보았다

검은 구름을 걷어내고
흰 달을 불렀다

소박한 밥상 위에 놓인 에그 프라이처럼
사랑했다

그러던 어느 날,
당신의 눈빛도 꺼진다는 것을 알았다
더러운 복날이었다

별도 아팠다

굴뚝

저녁연기 속에
녹슨 종소리처럼
울려 퍼지는 목소리

—그만 놀고 밥 먹어라

흙투성이가 된 나는
엄마의 부름도 잊고 놀았다

굴뚝이 되어버린 엄마의 가슴은
문 열어둔 채로
그을음만 차오른다

한 뼘이나 길어진 저 목선(-線)

마른 강

출렁이는 몸 이끌고 반짝이던 물결은
어디로 갔을까

송사리 떼 쓸려가던 여울목

돌 틈 비집고 올라온 물질경이
드물게 흔들리는 갈대
시들어버린 부들

물컹한 돌과 너덜너덜한 모래만 남기고

물풀 사이로 반짝이던 물결은
다 어디로 갔을까

흙먼지 뒤집어쓴 버드나무
물을 기다리네

물소리에 취하다

백운산 계곡 마주 보는 카페에 앉아

샤를 보들레르를 음미하며 블루문을 읽는다

내리쏟는 물줄기 날파람에 머리칼을 적시고

늙은 소나무의 내력으로 흐르는 계곡물

물소리에 취한 나의 적막이 오랜만에 소란스럽다

섬

북적이는 사거리 은행 정문 앞
과일 장수로 나이 먹는 좌판이 있다
철철이 싱그러운 과일 빛깔과는 대조적으로
쭈글쭈글 늙어가는 호젓한 얼굴이 있다

밀려드는 종아리들의 인파에 부딪치며
느긋한 단내를 흘려보내고 있다

밤이면
등대처럼 밝혀지는 갓 쓴 백열전구
주름진 손등이 선명히 드러난다
철심 힘줄로 인파를 움켜잡는다

도심에 떠 있는
인고의 섬이다

측은한 바닥

바닥에 뭉개진 새끼 고양이의 숨결을
학원버스 바퀴가 실어 갔다

모른 척 서 있는 자작나무
모른 척 피어나는 능소화
모른 척 지나는 붉은머리오목눈이

아스팔트 바닥을 후벼 파는
어미 고양이

새끼의 숨결을 찾는 어미 고양이
말라비틀어진 검은 가죽을 물고

발톱에 고인 핏물이
아스팔트 적신다

제3부

별꽃

내게 준다고 했다
한 삽을 푹 떠
상자에 고이 담아 준다고 했다
별을 준다고 했다

참, 오랜만에 경험해보는
개수작이었다

시

오랜 세월을 물끄러미 바라보며
버리고 찾아오길 수십 번
멀리 보내지도 못하고
그 언저리에서
서성거리는 것도 위안이 되어
반경 거리는 제로

몸에서 떼어내면
마음에서 더 큰 자리를 차지하고 누워
말없이 나를 지켜주는 버팀목이면서
치유할 수 없는 불치의 병(病)

부러진 날개

너에게 띄우는 편지 속
그, 먼 나라

오직 날갯짓만으로 도착할 수 있는
저 하늘 끝 너의 나라로

나는 끝내
닿지 못하리라

경주상회

결산보고서 속에서 늙어가는 상회가 있다
진열된 선반에는 먼지만 쌓이고
손님을 기다리는 팔순 할머니의
졸음 섞인 눈동자가 무겁다
무료한 과자 봉지들은 점점 공기를 잃어가고
켜켜이 쌓인 라면들 잔주름 늘어간다
냉장으로 버티는 음료의 전력 낭비 소음은
텔레비전과 기계적으로 소통된다
폐기 식자재를 다듬는 손마디는
굳게 입을 다문 수동금고와 대차대조 된다
입고 될 막걸리 트럭이 시끄럽게 도착한다
돋보기 너머로 계산서 꼼꼼히 살펴보지만
서식(書式)일 뿐
본전 아니면 손실이 발생할 우려는 유동적이고
고정자산도 늙으면 검은 줄이 늘어난다
포도송이에 꼬여드는 날파리를 쫓는 일과
드나드는 손님도 없이 삐걱거리는 문
주판알처럼 튀어 오르는 파리들의 향연

결산은 허공으로 채워질 것이 뻔한데
굴참나무와 함께 시름시름 버티는 상회가 있다

이사

한, 동, 안
몸이 읽어내는
많은 문장들을 지워내지 못해
곰같이 웅크리고 앉아
책머리를 내리쳤다

굳게 버틴 자리마다
먼지를 쓸고 나면
드러나는 얼룩들
어쩔 수 없이 생긴 상처들을 펼치며
아쉬움과 뒤섞이던
야박한 언어들이
난무했었지

이젠
케케묵은 문장을 기억하는
장롱일랑 버리고
떠난다

이슬 신발

새벽 풀숲을 까치처럼 걸어본다

푸른 이슬
신발에 부딪쳐 깨진다

신발은 얼마나 바쁜가
신발은 얼마나 벅찬가
신발은 얼마나 전진을 요구 받는가

어느새 이슬을 신고 간다

환한 이슬의 어둠

신발 벽으로 칭칭 감겨
나를 끌고 가는 이슬 신발

장마

지난 밤 억수같이 퍼붓던 비가 그쳤는지
새벽녘 찬 기운이 홑이불을 덮어도
춥다

추위를 피해 내 품으로 파고들던
모기 한 마리
어쩌면 내가 잠결에 죽여 버렸는지도
몰라

새우처럼 등을 구부리고 꿈속에 지나간
돌 구르는 소리 들었는지도
몰라

적들과의 동거

여름이면 떼로 몰려오는 적들이 있다

개망초, 강아지풀, 괭이밥, 애기똥풀 도둑놈의갈고리, 바랭이, 살갈퀴, 도깨비바늘, 쇠뜨기, 여뀌, 왕바랭이, 황새냉이……

자고 나면 뽑고 아침 먹고 뽑고 밤에도 뽑아내도
또 자라 나오고 또 자라 나오고

이 여름 동안은 적들과 살아보기로 한다

창

벽도 담벼락도 없이
가진 것 다 보여줘 버린 내 마음이여

초록은 동색

텃밭은 살아있다

고구마 두 고랑, 고추 한 고랑 반, 호박 한 고랑, 오이 반 고랑, 땅콩 두 고랑, 피망 한 고랑, 상추 한 고랑, 쑥갓 반 고랑, 파 반 고랑……

손바닥만 한 호박잎이 부채만 하게 커졌다

초록이 하얀빛에 가깝다는 것을 처음 알았다
이파리 푸르게 푸르게 번지는 속도를 따라 숨을 쉰다
문을 열어주는 초록이 햇발 한 아름 안겨준다

친구들은 얼굴이 환하게 피었다고
좋은 일 있느냐고 물었다

초록은 동색이라고 대답해주었다

투명한 손가락

남자는 왼쪽 팔과 다리가 불편하고
여자는 오른쪽 팔과 다리가 불편하다
연인이 나란히 손을 잡고 걸어간다
균형이 잘 맞아
한 몸 같다

일반적인 시선으로 보자면
저들은 불편하다
그런데 근심은 하나도 보이지 않고
해맑은 웃음만 나누고 있다

남자가 매미 소리에 귀를 기울인다
나뭇가지에 붙은 매미를 발견하고
술래가 숨은 아이를 찾아낸 듯
손가락으로 매미를 가르킨다

저기 봐, 조기 봐, 조기 조기……
날아가기 전에 매미를 보여주고 싶어서

안달이 난,

허공을 나는
투명한 손가락

북어

오늘도 두들겨 맞는다
당신의 숙취 해소를 위하여
내장 걷어치우고
말라비틀어진 납작한 몸뚱이는
죽죽 찢기고
대가리는 작살이 난다

가벼운 무게로 오물거리던 말씀들
변덕스럽게 떠돌고
서러운 눈동자 서걱서걱 밟히는 바닥
누가 내 안에 북을 달아놓았는가
둥둥, 속이 울렁인다

눈과 귀 잘리고
다 퍼주고도
오늘 또 두들겨 맞는다

사이드미러

토지계약서의 잉크가 번진다
찢겨진 서류 더미 속에서 어이없이 빛나고 있는 도장들
선악의 두 얼굴로 간간이 웃음을 흘리는 개망초처럼
아나운서 같은 앵무새는 완벽한 언어로 돈을 세고 있다

아아,
끝내 친구를 올가미 속으로 밀어 넣은
충견의 서슬 퍼런 눈동자에 걸렸다
돈줄을 타고 넘던 지적도의 구김에서 진물이 흘러나온다
네 속을 열어보지 못한 바람이 사납다

어느 이단(異端)의 교주가 바다를 찾아와
하늘에 거대한 배를 띄우고 다시 물을 자른다
맥없이 빨려들어 가는 빌딩들이 출렁이며 멀어진다

실물은 보이는 것보다 가까이 있다

산문에 든 자전거

산기슭 저편으로 자전거 한 마리 기어갑니다
구불텅구불텅 머리를 처박으며
산겨릅나무 우거진 숲길로 들어갑니다

흰머리 날리며
불콰한 바퀴를 끌고
휘파람 뿌리며
저녁연기 속으로 흘러들어 갑니다

산불감시 완장이
저물럭저물럭 저물어 갑니다
노을에 친친 감기는 바퀴살
신음도 없이 스러집니다

한 생을 짊어지고 간 자전거는
허물도 묵직합니다

칡꽃

체리 이스칼란 산 마르코스가
원주시 소초면 평장리 270번지에
시집을 왔다

모든 것이 낯설어
그저 웃는 것이 최선인 체리
한국말 선생님이 고마워
믹스커피 한 잔에
미소를 타서 대접한다
대문 밖까지 가방을 들어주며
어쩔 줄 몰라 하는 체리

친정 부모 얘기 끝에
이내 눈시울이 붉어진다

콘서트

돈이 많거나 많은 척하거나
예쁘거나 예쁜 척하거나
배웠거나 배운 척하거나
고상하거나 고상한 척하거나
섹시하거나 섹시한 척하거나
늙었거나 늙은 척하거나
젊었거나 젊은 척하거나

백화점 VIP 고객을 초청해놓은 자리에서
노래를 하러 온 가수가 말했다
자신은 개인적으로 VIP를 좋아하지 않는다고……

마케팅 전략에 속는 줄도 모르고
소리 지르고 뛰고 울고불고
한바탕 우레가 치고 간다

나는 무엇에 에둘러 여기까지 와
봄밤을 찢고 있었던가

가로수 벚꽃이
한층 더 음악적이었다

입속에 장미가 피었다

당신의 혀는 수사학적으로 핀다
장미를 닮았다

우리의 사랑은 너무 짧았다
나는 고배를 마셨다

천년 동안
꼬박 장미를 읽고 있다

입속에 장미가 피었다

제4부

해바라기 오는 계절

해바라기 필 때쯤이면
난 언제나 무언가를 놓치고 있었다

집채만 한 비행기들이 즐비하게 그려진 창가에 너는 서 있다 분주한 표정으로 위장하며 캐리어 가방을 무겁게 끌고 간다 수많은 사람들 속에서 아무리 지워져도 선명해지는 너, 너를 삼킬 출구는 깊다 사람들이 너와 부딪치며 지나간다 너는 아무렇지도 않게 나무처럼 서 있다 이제 나는 황폐해지는 내부를 수정한다 너를 의연하게 보낸다 너는 내 안에서 만들어졌지만 오래전의 일이다 너를 중심으로 세상은 생기고 너의 역사는 맥을 이을 것이다 오롯한 너의 길을 가는 것이다 너를 지우고 필 꽃은 없다 대리석 바닥보다 당찬 너의 입술을 본다 순간 너를 놓치고 있지만 또 다른 너를 만난다 너의 뒷모습도 지워지면서 하늘만 남는다

누군가를 맞이할 체면도 없을 때
미안한 표정으로 해바라기는 핀다

개망초

맘껏 울어도
흙이 되지 않을 것 같은 꽃이여

다시,
울먹이며 건너가는 여름밤

맘껏 흔들려도
흙이 되지 않을 것 같은 꽃이여

너를 안고 쏟아진 별빛
하얗다

개미

개미 두 마리
한여름 땡볕 아래서
말라비틀어진 지렁이를
악착같이 끌고 간다

반나절이 지나도 한 뼘도 못 가는
눈물겨운 노역(勞役)

바람 불면 다시 제자리
발바닥이 찢기는 줄도 모르고
죽을 때까지 주검을 끌고 가야 하는 생애여

저어기
신축 아파트 외벽에 매달린 인부
아파트를 끌고 가는 중이다

나목

아버지 무덤을 천묘하였다 살 들어낸 아버지를 만난다 온산에 야트막한 안개가 끼었다 흙먼지 한 줌 날아와 나를 쓸어내린다 생전에 많이도 심어놓으셨던 아카시아 나무 호롱불 같은 꽃들이 한창이다 나 대신 울어주던 검은등뻐꾸기는 보이지 않고 잎새기 다 떨군 뽀얀 나목의 아버지, 잠자리만 시끄럽겠다

고층 아파트

수천의 눈빛을 쏟아내며
날개도 없이 허공을 삼킨 짐승
갈기처럼 휘날리는 밤안개를 핥으며
산세를 막고 치솟아 있다

땅속에서 하늘까지 달리는 기차
엘리베이터 타고 허공에 올라
구름 속을 헤매는 현기증
땅 한 조각 올려놓은 창가엔 풀이 산다

주소를 잃은 새들 기이한 하늘에 놀라고
창밖으로 손을 뻗으면 구름자락 잡히고
벌레들도 오를 수 없는 허공
달빛을 허리에 차고 잠이 든다

그날

그날 밤
일기예보는 20~50m 가량의 비가 내리고
바람이 약간 분다는 것
첫 시집 출판으로 설레는 시인에게
일기마저 詩가 되어주는 그날
나는 되새김질하는 소처럼 묵직하다

웃음소리를 디카로 찍으며
주인공의 감식에 맞게 술은 생략하고
층층이 안개 머금은 바람이 되어
카타르시스를 찾는다

고막이 터질 것 같은 경적 소리를 무시하고
팔차선 도로를 무단 횡단한다

웃음으로 대체되는 쓸쓸함이
도약적인 질투였으면
잔잔히 파고드는 말들을 모아

집을 짓고픈 충동

살리에르*의 고삐를 잡고
광야를 달린다
거칠게 거칠게

---

*살리에르: 주변 사람들에게 시기, 질투를 심하게 느끼는 심리 상태.

눈 깜빡하고 나니 벌써 겨울이다

밭가를 떠나지 못한 옥수숫대
한겨울에도 얇은 망사를 걸치고 꼿꼿이 서 있다
한 점 푸름도 남기지 않은 빈 몸
망상(妄想)과 공상(空想)이 드나든다
칼바람을 견디는 옷깃 찢긴다
부러질 것 같은 몸이 울고
제 속을 다 비운 목관악기
함께 떠나지 못한 허전한 목덜미를
자꾸 만지고 있다
지금은 은둔의 계절
하루 종일 보일러가 돌고 있는데
밭가에 옥수숫대 눈 맞고 서 있다
눈 깜박하고 나니 벌써 겨울이다

단체 카톡방

서로 나눠야 할 마음이 있어서 방은 생겼다
첨예하게 다른 이미지들이 룸메이트로 초대되어
톡톡 문을 달았다
터치만 하면 열리는 문. 빛이 쏟아지는 환한 방
화안한 기척을 기다린다. 닫혀 있을 땐 빈 상자 같다
누가 문을 열어주길 기다리는가
하나가 되지 못해 끝내 벽이 되어버린 얼굴*
작별 인사도 없는 이별이 수천 번 지나친다
오래 비운 방은 깊숙이 파묻히고
프로필 사진들만 걸려 있다

정지 화면처럼 굳은 입술의 방은
오늘도 생긴다

---

*고영 시인의 「서둘러 문을 닫는 사람은 문을 외롭게 하는 사람이다」에서 인용.

담쟁이

접힌 담벼락을 오랜만에 펼친다
닳아 찢긴 종서의 푸른 편지
발톱을 가진 당신 말씀들이
다시 자라는 여름이다

나를 휘감는 푸른 등정은
이미 폐기처분된 고정관념이지만

당신의 체취가 묻어날 것 같은
싱싱한 잎사귀 빼곡하다

마당도 의심스럽다

가끔 새들이 소요를 물고 와 가문비나무를 흔든다
쏟아지는 눈을 받고, 바람을 맞으며, 햇살을 걸치며
겨울 버려진 마당 구석으로 내몰린 처지를 서러워한다

그동안의 정황에 대해 물었습니다
팔다리에 걸친 슬픈 표정들,
불길한 예감을 키웠습니다
그 위태로운 지점에서 나는,
가문비나무에게는 다 말해도 될까요
내 사정을 약점으로 덮치지는 않겠지요
믿고 맡긴 영혼이 또 문제가 되듯이
가문비나무 흔들립니다

그의 곁에서 오래 버티다 보면
굳은 의지가 다시 돋아나겠지요

무명 가수

탁사정*의 두루미 혼자 외롭다
물은 절벽을 치며 하염없이 흐른다

강가를 서성이던 무명 가수의 기타 소리 떨어지고
물줄기는 만장처럼 흘러간다

기타 줄에 목을 맸다는
무명가수의 숨결은 어디에도 없고

노래할 때마다 절규를 뿜어대던
그의 목청도 간데없다

두루미 날아오른다
그의 영혼처럼 흰 날개 리듬을 타고 난다

무대에서 밀리면 낭떠러지라며
기타를 품고 자던 사내

다신 떠오르지 않을 물등처럼

홀연히 사라진다

---

*탁사정: 제천 10경 중 9경에 해당하는 정자이자 계곡유원지.

배우(俳優) 그리기

구긴 몸을 의자 깊숙이 묻고 있는 여자가
머리에 상장(喪章) 핀을 꽂고 시름에 잠겨 있다
고통을 리얼리티하게 드러내는 행위는
심하게 웅크린 몸으로 표현된다
거의 돌돌 말린 실 뭉치처럼 굴러다닌다
웃고 우는 표정이 미친 듯이 엉키다가
고꾸라지며 바닥을 친다

이윽고 슬픔을 닦아내는 걸레질
바닥에는 잉크빛 물감이 번진다
닦을수록 방 안 가득 칠해지는 검푸른 빛깔
여자는 그것은 끔찍한 정신적 외상이라고
몸짓하고 있다

결코 닦아낼 수 없는 저 빛깔
여자는 다시 몸을 구겨 의자 깊숙이 묻는다
망각하지 못하는 푸른 고통을 쓸어안으며
창백한 잠 속으로 빠져들고 있다

숟가락

집착으로 굳어버린 너는
오래전 밖으로 꺼내놓은 내 장기(臟器)일 것이다

머리만 커진 채로 단단해진 너는
아직도 장기의 계보에 속해 있어
그들의 입구를 좌지우지한다

캄캄한 입속을 밝히는 알전구

아카시아 꽃 편지

서랍에서 늙어가는 당신의 주름을 펼치면
종서의 낡은 기둥을 타고 푸른 이끼 번지고
낡은 귀퉁이
손때로 새긴 얼룩에도 금이 갔다

효와 사랑과 신뢰의 본문에 이어
참고 문헌처럼 자식을 가두는 잔소리
겨우 드나들 수 있는 방문만이
유일한 출구
나는 꽃 벽지에 기대어 향기를 감상했지
옛날 아버지의 사랑법은 수학공식처럼 똑같았지만
닮은 어른이 없는 세상

그러나 그 당부 잊을까봐
생각날 때마다 찾던 낡은 문장

"아카시아 꽃이 피고 있구나"

받은기침에 삐뚤어진 글자들이
사각사각 걸어 나온다

종이 인형
—윤희에게

갖고 놀던 옷가지들 방 안 가득 어지럽고
인형들은 벌거벗고 누워 옷을 기다린다
어깨끈 낡은 자리에 스카치테이프를 붙이고
끈적한 얼굴을 닦는다

꿈을 덧대는 바느질마다 서툰 손끝의 통증이
시련으로 길을 막아서더라도
너를 깔고 눕지는 말아라

옷들의 뒷면은 여전히 백지로 남아 있구나
너의 미래를 촘촘히 새겨보렴
시련은 당당한 이력이라고

소나무의 배려

고요로 늘어진 소나무 가지로
딱새 한 쌍이 날아왔다

부리가 닳도록 서로를 핥고
서로의 마음을 꺼내려
날갯죽지 속을 파고들어
얼굴이 없다

자리 내어준 배려도 모자랐는가
연신 가지 쪼아댄다

어리석고
비굴한

딱새 한 쌍 노닐다 간 빈자리
바늘잎도 가꾸니 돈독해진다

훔친 향기의 맛
—연화차

오대산 월정사 뜨락에 모여
들차회가 열리던 날
백련의 전생을 부르는 의식처럼
연지(蓮池)인 양 자리 잡은 도기에
찻물을 따른다

다시 피는 꽃잎마다
향기 번지는 미소를 우려낸다
마음에 낀 때를 씻어내려
내장 속까지 찻물을 흘려보낸다

늪 속에서 꽃을 피우던 백련을 생각하며
말라비틀어진 생을 적신다

해설

'투명'과 '불투명'의 은밀한 관계

—서이령의 시세계

고영 시인

1.

한 지점에서 두 갈래로 나뉘는 길이 있다. 아니, 한 지점의 경계에서 숱한 길의 흔적이 떠오르는 그래서 아무 길도 온전하게 드러나지 않는 세계가 있다. 그것은 '시선의 욕망'에서 출발한다. '아는 만큼 보인다'와 '눈은 늘 마음이 보고자 하는 것을 보려고 한다'는 상사(相似)가 그 길을 가르는 기준이 된다. 이때 세계/자아', '시인/대상', '외부/내면'처럼 대립과 지양이라는 단계로 형성된 관계는 그 효력을 잃는다. 그 자리는 이내 '보는 것'과 '보이는 것'의 '은밀한 관계'로 대체된다. 표현의 강도를 떠나 욕망은 제 얼굴을 원초적 충동이나 성찰의 표정으로 색과 형을 바꿔 드러낸다.

서이령 시인은 첫 시집에서 가치로서 '맑음'에 대한 지향을 분명히 한다. '맑다'는 사전적으로는 "티가 섞이거나 흐리지 않고 깨끗하다"라고 정의된다. 일상에서 사용할 때는 '시계(視界)'와 '심성(心性)'이라는 큰 갈래와 좀 비약하면 '전망'을 포함하는 세 층위로 구분할 수 있다. 이번 시집을 제대로 읽기 위해 시적 지향으로서 '맑음'의 이 세 층위를 먼저 짚어보는 것이 필요하다.

> 잠에서 깨자마자 누에처럼 나는 꿈틀거린다. 날이 밝아오며 안개가 치악산을 뒤덮고 있음을 본다. 잠시 창가로 가 투명한 누에처럼 잠옷을 벗는다. 저 건넛집 남자가 날이 샌 것도 모르는지 팬티 바람으로 담배를 피워대고 있다. 안개와 담배연기는 한통속이다. 거대한 것에 사소한 것이 끼어드는 것이 우습다. 집과 집 사이의 골목길엔 사람이 없다. 자동차 몇 대가 아직 잠이 덜 깬 듯 지나간다. 거대한 것들 속에서 나는 얼마나 사소하게 살아가고 있는 것일까. 걷혔던 안개가 다시 돌아온다. 잠시 더 창밖을 보고 있다. 검은 새 한 마리 멀리 안개 속으로 사라진다. 이제 밥을 안칠 시간이다.
>
> —「안개 속 맑음」 전문

아침에 깨어 처음 만나는 게 '안개'다. (이 안개가 산기슭의 안개라는 것은 '치악산'이라는 지명과 함께 다른 작품에 구체적으로 드러나 있다.) 안개와 마주하면서 시인은 짧은 가시거리에서 오는 답답함을 넘어 전망 부재의 상황을 담담하게 드러낸다. "거대한 것들 속에서 나는 얼마나 사소하게 살아가고 있는 것일까"라는 자문(自問)은 성찰적인 성격 이전에 아침부터 '담배연기'를 안개와 섞는 타자와 곧이어 밥을 안쳐야 하는 일상에 대한 회의를 드러낸다. 그래서 "걷혔던 안개가 다시 돌아온다"는 진술은 사태에 대한 것 이상의 의미로 읽힌다. 그럼에도 불구하고 '맑음'이라고 한다. 도대체 어떻게 '안개' 속에서 '맑음'이라고 할 수 있는가?

대답은 의외로 명확하게 드러나 있다. 시인은 「그래도 맑음」에서 "나의 몰입은 잡념을 먹고 산다"고 선언한다. 이 몰입은 충분히 의지적이다. 왜냐하면, "방구석에 처박혀 책장마다 침을 처바르던 손끝이 진저리를 친다. 서로의 어깨를 툭툭 치며 웃는 얼굴들이 가까이 다가온다. 저토록 붉게 웃어본 적이 언제였더라. 나도 그녀들에게 섞이고 싶다는 충동을 애써 참"았기에 가능해진 경지이기 때문이다. '맑음'은 사전적 정의를 벗어나 점차 상징이 된다.

> 반곡역 플랫폼으로 내려서는 엄마의 두 다리가 침목처럼 뻣뻣하다. 나날이 낡으려고만 했던 역사(驛舍)처럼 구부정하다. 언뜻 보아도 성해 보이는 뼈는 없다. 광대뼈가

드러난 얼굴로 옅은 미소를 보낸다. 손가락 마디마디 툭툭 튀어나온 갈퀴를 흔든다. 겨우 몸을 지탱하는 무릎이 미세하게 떨리고 있다. 허리춤을 감싸는데 푸석한 뼈들이 나에게 기댄다. 아침 안개가 치악산으로 몰려가는 것을 본다. 엄마도 산을 한참 보고 서 있다. 달리아 꽃들 앞에서 사진을 찍어달라고 자세를 잡는다. 하나, 둘, 셋, 수줍은 소녀가 웃고 있다.

—「오래된 맑음」 전문

드디어 '안개'가 걷히는 순간이 온다. 시인은 "반곡역 플랫폼"에서 "아침 안개가 치악산으로 몰려가는 것을 본다". 그것도 '엄마'와 함께. 안개가 몰려갔다는 것은 시계(視界)가 맑아졌다는 것이고 보이지 않거나 어른대던 것들이 명확하게, 확연하게 보인다(볼 수 있게 되었다)는 것이다. 거기서 시인은 "나날이 낡으려고만 했던 역사(驛舍)처럼 구부정"한 엄마를 사진기에 담으려 하지만, 시인이 포착한 것은 웃고 있는 "수줍은 소녀"이다. 시인이 문득 만나게 된, 아니 지향하고 있는 이 "수줍은 소녀"의 성격을 '오래된 맑음'이라고 이름 했지만, 바로 그 탓에 '맑음'은 함축적인 다른 이름으로 바뀐다.

'맑다'는 내부에서 생성된 특성을 지시하기보다는 밖에서 부과된 성질이라는 뉘앙스가 강하다. 게다가 '맑음'은 '보는 것'과 '보이는 것'의 관계에서 하나의 조건이라는 한계를 떨쳐버리기 어렵다. 아무리 맑은 날에도 아무것도 보이지 않을 수 있고, 아무리 맑은 심성(心性)이라도 비윤리적일 수도 있고, 아무리 맑고 밝은 전망을 가졌어도 어떤 행위도 하지 않을 수 있기 때문이다. 결국, '맑음'은 '투명'에 그 자리를 내주게 된다.

2.

서이령 시인은 철저하게 투명한 시각이나 자세를 갖고자 스스로를 채찍질해 왔음을 여러 작품을 통해 보여주고 있다.

꽃꽂이를 하면서 손을 찌르는 가시가 불편하여
장미의 가시를 제거한 적이 있습니다

순간, 꽃의 아름다움이 사라지는 것을 보았습니다

누군가를 만지면서 조심을 앞세우는 일도
사랑의 한 방편입니다

가시 없는 장미를 만들었다고요?

긴장을 떼어내고 편히만 살아간다면
차라리 죽는 것만도 못할 겁니다
—「가시 없는 장미가 있다고요?」 전문

시인의 자세(시적 태도)로서 '보는 것'에 집중하게 될 때, '투명한 시각'에 대한 욕망은 걷잡을 수 없지만 그만큼 기형적으로 자라난다. 시인은 '꽃꽃이', 즉 완성된 어떤 형상, 미적 형상을 위해 '장미의 가시'를 제거한 적이 있다. 그러나 그것은 가시가 장미의 본질이라는 것을 무시한 행위에 불과하다. 하여, 시인은 "긴장을 떼어내"는 일이 사랑도 삶의 자세도 아님을 깨닫는다. "누군가를 만지면서 조심을 앞세우는 일도/사랑의 한 방편입니다"라는 깨우침은 그래서 더 서이령 시인답다. 내가 아는 한 그녀는 따뜻한 시선을 가진 시인이다. 흐린 물속에서도 '맑음'을 볼 줄 아는 투명한 시선을 가진 시인이며, "긴장을 떼어내고 편히만 살아간다면/차라리 죽는 것만도 못할 겁니다"라는 결기(決起)를 가진 시인이다. 이런 자세는 다음 작품에서도 엿볼 수 있다.

김 서린 유리창에
손가락으로 사랑이라고 썼다가 뭉개버린다
뭉개진 투명에서 너는 운다
흐린 불빛 아래서 파닥거리던 나방 한 마리가

끝내 불을 찾지 못한 채, 죽어간다
저 나방을 어떻게 시로 옮길 수 있을까
소멸의 고통을 담아내는 떨림을 본다
한 주검이 풍경을 파고드는 동안
유리창은 얼마나 처절하게 견뎌냈을까
겸허한 마음을 읽는다

눈 내리는 겨울밤
별만큼 촘촘한 투명 하나를 찾기 위해
눈물을 지우는 손끝이 따뜻하다
다시 사랑이라고 썼다가 뭉갠다
잎 다 떨군 은사시나무는
저 풍경을 결코 다 건너지 못할 것이다

—「유리창의 습작」 전문

시를 쓰는 행위는 손끝의 떨림을 옮기는 일이자 가슴의 떨림을 담아내는 일이다. 서이령은 김 서린 유리창에 무언가를 적는, 지극히 낭만적인 행위를 하다가 손끝의 차가운 전율을 느낀다. 그리곤 "김 서린 유리창에/손가락으로 사랑이라고 썼다가 뭉개버린다/뭉개진 투명에서 너는 운다"는 것을 발견한다. 시로 옮겨야 할 "뭉개진 투명"의 '밖'을 생각하다가 그녀는 "소멸의 고통을 담아내는 떨림을 본다". 그러나 정작 중

요한 것은 나방의 날갯짓에 의한 '소멸의 떨림'이 아니라 "한 주검이 풍경을 파고드는 동안" 그 처절한 순간을 견뎌낸 "유리창"의 "겸허한 마음을 읽는다"는 시인의 자세이다. 다시 말해 그녀에게 '투명'은 풍경을 건너가기 위한 전략이 아니라 그 자리에, 온전히, 서 있기 위한 삶의 방편인 것이다.

마음이 투명해지면 노래를 만들 수 있을까
비올라를 닦으며 다시 생각한다
곁이 꽃이 될 수 있을까
가깝고도 머언 관계
사랑하지 않는 구조의 틀은 완고하다

음악의 경외(敬畏)를 알아버린 새들의 비행은
그래서 외롭다

활을 기다리는
현처럼

세상 모든 경계가 사라진 뒤에야
꽃은 피고
나는 비로소 곁의 노래를 들을 수 있으리라

—「곁의 노래」 부분

“비올라를 닦으며” 시인은 “안쪽과 바깥쪽으로 나뉜/한 세계에 대하여” 생각한다. 그 생각 끝에 “마음이 투명해지면 노래를 만들 수 있을까”라는 자문에 이른다. 이것은 “곁이 꽃이 될 수 있을까”라는 의문과 같다. 곁은 거리가 아주 가깝다는 것을 의미하지만 그럼에도 불구하고 어쩔 수 없는 ‘밖’이라는 것을 시인은 동시에 강조한다. 거기서 ‘노래(꽃)’가 나올 수 있다면, “활을 기다리는/현처럼” 서로에게 ‘떨림’을 줄 수 있다면 시인은 이미 온몸(존재)으로 전율을 맞이할 준비가 되어 있을 것이다.

서이령 시인이 추구하고 갈구하는 ‘투명’은 ‘맑음’과는 달리 오로지 빛에 의해서만 형성되지 않는다. ‘흐림’ 또는 ‘흐려진 것들’ 속에서도 ‘투명’을 본다. 흔히 불투명이라 생각하기 쉽지만, ‘그림자’는 다른 의미에서 완벽한 투명과 같다.

오직 나만 보고 따라 왔을 것이다
해는 빨갛게 떨어지고
담벼락조차 희미해지는 골목에서
피할 곳은 없었다
나는 빼앗길 것을 너무 많이 가지고 있었다
사랑과 이별하고 돌아오던 길목
빛바랜 전율과 마른 속삭임
그러나 충동은 언제나 있다

분명 내 것이었으나 내 것이 아니었던
그 모든 환희들
뒤를 돌아보기엔 집이 너무 가깝고
내 그림자는 너무 길다

—「그림자」 전문

언제나 '보는 것'과 '보이는 것'은 짝패를 이룬다. "오직 나만 보고 따라 왔을 것"이 분명한데도, "해는 뻘겋게 떨어지고/담벼락조차 희미해지는 골목"에서 기어이 나는 너(그림자)에게, "오직 날갯짓만으로 도착할 수 있는/저 하늘 끝 너"(「부러진 날개」)보다 가깝게 투명하게 나를 풀어놓는다. "나는 빼앗길 것을 너무 많이 가지고 있었다"라는 고백은 일종의 충일로 되돌아온다. 곁이 제 아무리 가까운 존재에게 향한다고 해도 이런 고백은 반드시 변질된 그 무엇을 덜거나 덧붙여 돌아오기 때문이다. 그렇지만 그림자는 갔던 그대로를 되돌린다. '끝내 닿지 못할 너'와 "오직 나만 보고 따라 왔을" 너의 차이는 결국 욕망의 가시거리 상에서 '투명도'의 차이의 다름 아니다. 이 투명도의 차이가 시의 개성을 만든다.

3.

시인은 한때 '살리에리 증후군'이 있었음을 밝힌다. 「그날」

무슨 일이 있었던 것일까? "고막이 터질 것 같은 경적 소리를 무시하고/팔차선 도로를 무단 횡단한다//웃음으로 대체되는 쓸쓸함이/도약적인 질투였으면/잔잔히 파고드는 말들을 모아/집을 짓고픈 충동"이 '몰입'이 아니라 '분출'이었음을 가감 없이 드러낸다. 아마도 '도약적인 질투'이기를 바라는 마음이 불투명한 전망을 충분히 덮었으리라. 또한 시인은 「힘든 애인」에서 한 권의 시집을 펼쳐놓고 오래 들여다보다가 "난 당신 때문에 자존심이 너무 상해요"라고 털어놔 버린다. "헛웃음처럼 팔자를 고르"(「팔자를 고르다」)기도 하고, "때가 되면 떠나야 하는 명확한 길을 두고/거룩하게 울어야 했던 날들이/땅바닥에 내팽개쳐 있"(「귓속의 경전」)는 것을 보기도 한다.

그러나 시인은 "떨어져야 할 것은 언제고 떨어진다/그걸 알기에/입을 다물 수 없는 형태로/나는 물을 기다린다/그때까진 텅 빈/이 지옥을 견뎌야 한다"(「종이컵」)고 다짐한다. '곁'이라는 이유로 '활과 현'의 노래를 꿈꾸던 것에서 이런 인식은 분명히 한 걸음 내딛은 것이 분명하다. 비록 방향이 불모를 향했을지라도. 나아가 투명한 시각이란 투명한 대상에 의해 열리는 것일지도 모른다는 생각을 「투명한 손가락」에서 보여준다. "일반적인 시선으로 보자면/저들은 불편하다/그런데 근심은 하나도 보이지 않고/해맑은 웃음만 나누고 있다"는 진술은 범상한 듯하지만 결코 범상하지 않다.

지난가을
푸른 잎들이 가득했던 배추밭이
눈 덮인 사막이 되었다
차가운 열기가 훑고 지나간 자리마다
폐허만 남았다

(중략)

너무도 먼 당신을 꿈꾸며
나는 푸르름을 꺾는다
너무 하예서 오히려 슬픈
설원 위의 사막

당신은 나의 폐허다

—「설원 위의 사막」 부분

투명한 시각은 사물과 사태를 꿰뚫고 곧게 뻗어간 전망으로 올바른 방향을 지시할 것 같지만 결코 그렇게 되지 않는다. 투명하게 자세하게 보려고 할수록 처음 기대와는 다르게 모든 것은 비틀리고 관계는 어긋나 있기 마련이다. 시인은 "지난가을/푸른 잎들이 가득했던 배추밭"을 기억한다. 그런데 그곳은 "눈 덮인 사막이 되었다". 그렇다면 그곳은 본래

'푸른/결실(배추)'이었나, '하얀(눈)/폐허'였나? 둘 다 형상이고 또한 본질일 것이다. 그래서 시인은 "차갑다"와 "뜨겁다"라는 존재의 상태를 따로 떼어 드러내면서 "너무 먼 당신"과 "나의 폐허"를 어렵지 않게 결합할 수 있었다.

투명과 불투명은 정도의 차이가 아니다. 더욱이 서이령 시인이 구분 짓고자 하는 다른 자세의 결과도 아니다. 앞에서 봤지만, 표제작인 「오래된 맑음」이 보여주는 것은 외형의 낡고, 비틀리고, 구부러지고, 헐거운 무엇의 가치가 아니다. 자연스럽게 그것들이, 즉 되어질 것이 되어버렸을 때 드러나는 일종의 순진무구함이랄까. 그것이 어쩌면 모든 사물과 사태의 본질일지도 모른다. 이때 시인은 투명하지도 불투명하지도 않은 어떤 것과 만나게 된다. 가령, 「산문에 든 자전거」의 "산불감시 완장이/저물럭저물럭 저물어 갑니다/노을에 친친 감기는 바퀴살/신음도 없이 스러"지는 형상과 「개미」의 "반나절이 지나도 한 뼘도 못 가는/눈물겨운 노역(勞役)//바람 불면 다시 제자리/발바닥이 찢기는 줄도 모르고/죽을 때까지 주검을 끌고 가야 하는 생애"의 비참함이 아파트 외벽을 타는 인부의 생으로 전이되어 나타나는 것 등이다.

서이령 시인의 시집 『오래된 맑음』이 보여주는 '투명과 불투명'의 관계는 어쩌면 '경첩'과 닮았다. 경첩은 단순히 무엇과 무엇을 연결하거나 결합하는 부속물이 아니다. 문에 경첩을 달지 않고 못을 박거나 접착제를 발라버린다면 그 문은 문의 형상을 하고 있지만, 문이 되지는 못한다. 문은 열리고 또 닫힐 수 있어야만 한다. 열리면서 공간과 사건을 개방하고 닫히면서 공간과 사건을 분할할 수 있어야만 문이라 할 수 있다. 이때 가려지거나 숨어 있으면서도 꼭 필요한 것이 바로 경첩이다. 돌쩌귀는 너무 무거우므로 경첩이 원만하다는 생각이 든다. 주름 이미지(「주름의 강」)나, 물결 이미지(「남한강 흰 물결」, 「마른 강」), 물등이나 노을 등이 바로 그런 역할을 하고 있다고 보인다. 이처럼 경첩이란 단순히 덧붙어 있다는 배치나 잠시 잠깐 나타날 뿐이라는 시간의 문제가 아니라 그것을 통해 새로운 세계가 불완전하게라도 모습을 드러낼 수 있다는 데 그 의미가 있다.

서이령 시인은 '약(藥)'과 '독(毒)'이 한 중심의 두 갈래라는 것을 명확히 알고 있다. 시인은 「물소리에 취하다」에서 "샤를 보들레르를 음미하며 블루문을 읽는다"라고 했는데, 이 구절에서 나는 자꾸 "시를 공부하겠다는/미친 제자와 앉아/커피를 마신다/제일 값싼/프란츠 카프카"(오규원, 「프란츠 카프카」 부분)가 생각나 웃음이 나왔다. 이처럼 무겁지 않은 자세와 음성으로 시인은 시작의 고뇌를 풀어낸다.

오랜 세월을 물끄러미 바라보며
버리고 찾아오길 수십 번

멀리 보내지도 못하고
그 언저리에서
서성거리는 것도 위안이 되어
반경 거리는 제로

몸에서 떼어내면
마음에서 더 큰 자리를 차지하고 누워
말없이 나를 지켜주는 버팀목이면서
치유할 수 없는 불치의 병(病)

—「시」 전문

서로 서로 서성거리는 거리가 '반경 제로'라면 '몸과 마음'을 바꿔 떼어내고 자리를 내줘야 하는 것이라면 '시'를 좀 더 두들겨 여러 개의 '경첩'을 만드는 것도 동거의 한 방법이 될 수 있을 것이다. 보들레르 식으로 말하면, "나는 상처이고 칼이다" 정도가 될지도 모르겠다.

앞으로 서이령 시인이 만들어낼 경첩이 부드러우면서도 견고함을 잃지 않기를 바란다. 또한 그 쓰임새가 사물과 사물 사이, 사람과 사람 사이, 사물과 사람 사이를 잇는 가교 역할을 해주기를 기대한다. 이것이 그녀의 맑고 투명한 시선으로 펼쳐 보일 다음 세계가 기다려지는 이유이다.

이 도서의 국립중앙도서관 출판시도서목록(CIP)은 서지정보유통지원시스템 홈페이지(http://seoji.nl.go.kr)와 국가자료공동목록시스템(http://www.nl.go.kr/kolisnet)에서 이용하실 수 있습니다.(CIP제어번호: CIP2018029564)

문학의전당 시인선 0293

오래된 맑음

초판 1쇄 인쇄 2018년 9월 20일
초판 1쇄 발행 2018년 9월 27일
지은이 서이령
펴낸이 고영
책임편집 서윤후
디자인 헤이존
펴낸곳 문학의전당
출판등록 제2017-000002호
주소 서울시 마포구 마포대로 11길 91, 3층
전화 02-852-1977 팩스 02-852-1978
전자우편 sbpoem@naver.com

ISBN 979-11-5896-391-0 03810

* 이 시집은 원주문화재단의 후원으로 제작되었습니다.